Merdie Ntshankana-Tondo

Ça crie à l'Est de mon pays

Sommaire

Introduction

"Ça crie à l'Est de mon pays" est une œuvre poignante qui plonge le lecteur au cœur des réalités complexes et souvent tragiques de la région orientale de la République Démocratique du Congo (RDC). À travers des récits émouvants et une analyse critique, l'auteure met en lumière les souffrances et les luttes des populations qui vivent dans cette zone marquée par des conflits armés, des crises humanitaires et des enjeux socio-politiques.

Cet ouvrage s'inscrit dans un contexte où l'Est de la RDC demeure l'épicentre de tensions ethniques, de violences armées et d'une précarité économique persistante. L'auteure utilise une approche multidisciplinaire, intégrant des éléments d'histoire, de sociologie, d'économie et d'anthropologie pour donner une voix à ceux qui souffrent silencieusement.

Importance de la région de l'Est du pays

La région de l'Est de la RDC, comprenant des provinces comme le Kivu et Ituri, est riche en ressources naturelles, notamment dans les domaines minier et agricole. Toutefois, cette richesse ne s'accompagne pas de prospérité pour ses habitants. Au contraire, elle est souvent à l'origine de conflits entre communautés et d'interventions étrangères.

Historiquement, l'Est a été le théâtre de violences récurrentes depuis la période coloniale, exacerbées par la guerre des Grands Lacs à la fin des années 1990 et au début des années 2000. Les cicatrices de ces conflits sont toujours présentes et se manifestent à travers des tensions intercommunautaires, le déplacement de populations et une crise humanitaire continue.

Socialement, la région est caractérisée par une diversité ethnique riche, mais aussi par des fractures profondes. Les inégalités sociales, le manque d'infrastructures de base, d'éducation et de services de santé, ainsi que l'absence d'opportunités économiques, alimentent un climat d'insatisfaction et de désespoir chez les jeunes et les femmes, souvent les plus affectés par les conséquences des conflits.

Objectifs de l'auteure

L'auteure de "Ça crie à l'Est de mon pays" vise plusieurs objectifs à travers cet ouvrage :

1. Sensibilisation : Attirer l'attention du public national et international sur la situation tragique de la région, en particulier les enjeux humanitaires qui y sont souvent ignorés.

2. Voix aux sans voix : Donner une tribune aux populations locales, en partageant des témoignages et récits de vie afin de rendre visibles les réalités de ceux qui souffrent.

3. Analyse critique : Proposer une analyse approfondie des causes des conflits et des crises, en remettant en question les discours dominants et en dénonçant les injustices systémiques.

4. Appel à l'action : Mobiliser les lecteurs et les décideurs pour qu'ils agissent en faveur de la paix, de la justice et du développement durable dans la région.

En somme, cet ouvrage ne se limite pas à un simple récit de souffrance, mais se veut également un outil de réflexion et de mobilisation pour un changement positif en faveur de l'Est de la RDC.

Chapitre 1 : Contexte historique

Histoire de la région de l'Est

La région de l'Est de la République Démocratique du Congo (RDC) possède une histoire riche et complexe, marquée par des dynamiques ethniques profondes et des événements traumatiques. Depuis la période précoloniale, cette région a été caractérisée par l'existence de royaumes et de chefferies, notamment les royaumes des Bakongo et des Tutsi, qui ont vu l'établissement de systèmes politiques et sociaux complexes et variés.

L'arrivée des colonisateurs européens, notamment à la fin du 19e siècle avec Léopold II, a bouleversé ces structures traditionnelles, entraînant une exploitation brutale des ressources et des populations locales. La région de l'Est, riche en ressources naturelles, a été particulièrement affectée par l'exploitation coloniale, qui a laissé des cicatrices profondes sur la société congolaise.

L'indépendance du Congo en 1960, bien que célébrée comme un moment de libération, a rapidement conduit à des crises politiques. La succession de gouvernements instables et la montée des tensions ethniques ont conduit au coup d'État de Mobutu Sese Seko en 1965, marquant le début d'une dictature de plusieurs décennies qui a exacerbé les inégalités et les rivalités régionales.

Événements clés et leurs impacts

Plusieurs événements clés ont façonné la trajectoire historique de l'Est du pays :

1. La guerre des Grands Lacs (1996-2003) : Ce conflit, qui a commencé comme une rébellion contre le régime de Mobutu, a impliqué plusieurs pays africains et a été déclenché par les répercussions du génocide rwandais de 1994. L'intervention de forces étrangères a ravivé et intensifié les conflits interethniques, entraînant des millions de morts et des déplacements massifs de populations.

2. Le rôle des milices armées : Après la chute de Mobutu, la région a vu l'émergence de plusieurs groupes armés, tels que le Mouvement du 23 mars (M23) et d'autres factions, qui ont profité du vide de pouvoir pour exercer un contrôle sur des ressources clés et commettre des atrocités contre les civils. Ces groupes se sont souvent affrontés entre eux, aggravant la situation sécuritaire et humanitaire.

3. Les accords de paix de Nairobi et de Goma (2000-2008) :

Plusieurs tentatives de paix ont été réalisées, mais elles ont échoué à apporter une stabilité durable. Les répercussions des tensions politiques sur le terrain, couplées à la corruption et à l'impuissance des institutions étatiques, ont suscité un sentiment de méfiance envers le processus de paix.

Rôle des conflits et des luttes sociales

Les conflits qui sévissent dans cette région n'ont pas seulement des implications sécuritaires, mais mettent également en lumière les luttes sociales des populations locales. Les luttes pour la reconnaissance des droits fonciers, l'accès à l'éducation et aux services de santé se sont intensifiées, incitant les communautés, notamment les femmes et les jeunes, à s'organiser pour revendiquer leurs droits.

Les événements de violence ont également suscité des mouvements de résistance et des initiatives de paix. Les ONG et les leaders communautaires se sont mobilisés pour apporter des réponses aux défis posés par les conflits. Les mouvements sociaux, bien que souvent fragiles et sujets aux répressions, constituent un espace d'espoir et de transformation sociale, permettant aux communautés de construire une vision collective pour un avenir serein.

Conclusion du Chapitre 1

Ce premier chapitre dessine un cadre historique essentiel pour comprendre les dynamiques contemporaines de la région de l'Est de la RDC. En explorant les histoires, les événements marquants et les luttes sociales, il devient évident que la richesse culturelle et historique de cette région est intrinsèquement liée à ses défis actuels. Pour envisager une paix durable, il est essentiel d'intégrer ce contexte historique dans les stratégies de développement et de réconciliation. Les leçons du passé doivent guider les actions présentes en vue d'un avenir meilleur pour les populations de l'Est du pays.

Chapitre 2 : Problématiques sociales

Analyse des conflits communautaires

Les conflits communautaires en région de l'Est de la République Démocratique du Congo résultent d'une combinaison complexe de facteurs historiques, économiques, et politiques. Ces conflits opposent souvent des groupes ethniques rivaux qui revendiquent des droits sur les terres, les ressources et l'accès aux services. L'héritage colonial et les ruptures apportées par les guerres récentes ont exacerbé ces tensions, transformant des rivalités anciennes en conflits ouverts.

Parmi les principaux facteurs de conflits, on retrouve la compétition pour les ressources naturelles, notamment les mines d'or, de coltan, et de cassitérite, qui suscitent des convoitises tant au niveau local qu'international. Les milices armées, souvent soutenues par des acteurs politiques ou économiques, exploitent ces tensions pour asseoir leur pouvoir, rendant la situation encore plus volatile.

Sécurité et violence

La sécurité dans l'Est du pays est précaire, avec des violences systématiques, notamment des violences sexuelles, des enlèvements et des exactions commises par divers groupes armés. Le manque d'une présence sécurisée efficace des forces de l'État et la fragmentation des groupes armés conduisent à une situation d'insécurité permanente qui affecte la vie quotidienne des populations.

Les civils, souvent pris entre deux feux, sont les premiers à subir les conséquences de cette violence. La peur et le traumatisme sont omniprésents, et de nombreuses personnes vivent avec l'angoisse d'être victimes de violence à tout moment. Les communautés cherchent alors à créer leurs propres mécanismes de sécurité, parfois en recourant à la justice informelle ou en s'unissant pour faire face aux menaces.

Conditions de vie des populations locales

Les conditions de vie des populations locales dans l'Est de la RDC sont marquées par la pauvreté, le manque d'accès aux soins de santé, à l'éducation et aux infrastructures de base. De nombreux villages souffrent d'un manque d'eau potable, d'électricité et d'écoles fonctionnelles.

Le système de santé est particulièrement touché, avec un nombre limité de structures médicales, une pénurie de personnel soignant et un accès difficile aux médicaments. Les épidémies de maladies évitables, telles que le choléra et la malaria, persistent dans ce contexte, aggravées par la malnutrition et l'absence de services de prévention.

L'insécurité alimentaire est également criante, les familles peinant à subvenir à leurs besoins matériels en raison des déplacements causés par la violence et des mauvaises récoltes dues aux changements climatiques.

Rôle des jeunes dans les mouvements sociaux

Les jeunes jouent un rôle crucial dans les mouvements sociaux en région de l'Est de la RDC. Face à l'adversité et aux injustices, ils se mobilisent pour revendiquer leurs droits et améliorer leur situation. Souvent victimes de violence, de chômage et d'exclusion, les jeunes prennent conscience de leur pouvoir collectif et organisent des manifestations, des actions de sensibilisation et des campagnes de plaidoyer.

Les mouvements de jeunes, souvent soutenus par des ONG ou des réseaux sociaux, s'engagent dans des initiatives de paix, de réconciliation et de développement. Ils promouvant la sensibilisation autour des droits de l'homme, de l'éducation et de la justice sociale, et cherchent à impliquer leurs pairs dans des activités constructives.

Malgré les obstacles, tels que la répression, la stigmatisation et les risques liés à leur engagement, les jeunes de l'Est sont des acteurs clés du changement, représentant l'espoir d'un avenir meilleur pour leur région. Ils se battent pour non seulement survivre, mais aussi pour transformer leur réalité et créer un environnement plus juste et équitable.

Conclusion du Chapitre 2

Le chapitre met en lumière les profondes problématiques sociales qui affectent l'Est de la RDC, dessinant un tableau complexe de conflits, d'inégalités et de mobilité sociale. Il souligne l'importance d'adresser ces morbidités chroniques pour permettre une véritable résilience des communautés. Les jeunes, en tant qu'agents de changement, portent avec eux l'espoir d'une transformation sociale et d'un avenir pacifique pour la région.

Chapitre 3 : Économie de l'Est

Ressources naturelles et exploitation

La région de l'Est de la République Démocratique du Congo (RDC) est extrêmement riche en ressources naturelles, notamment en minerais tels que le coltan, l'or, l'étain et le cuivre. Ces ressources attirent des investisseurs internationaux, mais leur exploitation soulève de nombreuses problématiques.

L'extraction de ces minéraux est souvent réalisée dans des conditions déplorables, tant pour l'environnement que pour les droits des travailleurs et des communautés locales. Les mines artisanales, bien qu'elles représentent une source de revenus pour de nombreux habitants, sont souvent liées à des violences, des abus des droits de l'homme et à des pratiques d'exploitation non réglementées. De plus, l'accaparement des terres agricoles pour l'exploitation minière a gravement impacté la sécurité alimentaire des communautés locales.

Indice de développement humain

L'Indice de développement humain (IDH) de la région de l'Est de la RDC reste très faible, malgré la richesse minérale de la région. Les indicateurs de pauvreté, d'accès à l'éducation et de services de santé sont alarmants. Les infrastructures publiques sont souvent déficientes, ce qui entraîne un manque d'accès à l'éducation de qualité et aux soins de santé adéquats.

L'exploitation des ressources naturelles a donc paradoxalement engendré une situation où les populations locales, malgré la richesse de leur territoire, vivent dans la pauvreté. Un développement humain durable nécessiterait une meilleure gestion des ressources, des investissements dans les infrastructures sociales, ainsi qu'une redistribution des bénéfices générés par l'exploitation des ressources.

Impact des entreprises étrangères

Les entreprises étrangères jouent un rôle significatif dans la dynamique économique de l'Est de la RDC, en particulier dans le secteur minier. Bien que ces entreprises puissent apporter des investissements et des technologies, leur impact est souvent mitigé par des pratiques inéquitables et des violations des droits de l'homme.

Tandis que certaines multinationales adoptent des politiques de responsabilité sociale des entreprises, d'autres sont accusées de contribuer à des conflits armés, au travail forcé et à l'exploitation de la main-d'œuvre locale. Les bénéfices générés par l'exploitation minière sont souvent rapatriés à l'étranger, laissant peu de retombées économiques pour les communautés locales.

Il est essentiel que des cadres réglementaires robustes soient mis en place pour assurer que l'exploitation des ressources contribue au développement local et respecte les droits des travailleurs.

Corruption et bonnes pratiques

La corruption représente un obstacle majeur au développement économique de l'Est de la RDC. De nombreuses ressources financières qui pourraient être investies dans les services publics et les infrastructures sont détournées par des fonctionnaires corrompus et des acteurs politiques. Cela crée un climat d'impunité qui entrave la mobilisation des ressources pour le développement durable.

Cependant, des initiatives de sensibilisation à la bonne gouvernance et à la transparence émergent, portées par des organisations de la société civile et des acteurs locaux. Ces initiatives visent à promouvoir des pratiques de transparence et de responsabilité dans la gestion des ressources naturelles.

De plus, des exemples de bonnes pratiques commencent à voir le jour, où certaines entreprises mettent en œuvre des politiques durables et respectueuses des droits humains. Ces modèles peuvent servir de base pour encourager d'autres acteurs économiques à adopter des normes de responsabilité sociale et environnementale.

Conclusion du Chapitre 3

Ce chapitre illustre la complexité de l'économie de l'Est de la RDC, où les immenses ressources naturelles coexistent avec des défis de développement structurels. Pour transformer le potentiel économique de la région en bénéfices tangibles pour les populations locales, il est essentiel de mettre en place des politiques de gestion des ressources qui favorisent une plus grande transparence, un développement humain inclusif et la lutte contre la corruption. Une coopération efficace entre les gouvernements, les entreprises et la société civile est indispensable pour construire une économie plus juste et durable pour l'Est de la RDC.

Chapitre 4 : Culture et identité

Diversité culturelle et ethnique

La région de l'Est de la République Démocratique du Congo (RDC) est un véritable carrefour de cultures et d'ethnies, dotée d'une mosaïque riche et complexe. On y retrouve plusieurs groupes ethniques, dont les Barundi, les Banyamulenge, les Hunde, les Nyanga, et bien d'autres, chacun ayant ses propres traditions, langues et pratiques culturelles. Cette diversité se manifeste à travers la langue, la cuisine, les croyances et les rituels.

Les langues, parmi lesquelles le swahili, le lingala et le tshiluba, jouent un rôle crucial dans la communication interethnique et dans la préservation des identités culturelles. Malheureusement, cette pluralité ethnique a également été source de tensions, souvent exacerbées par des facteurs politiques et économiques. Cependant, malgré ces conflits, la diversité culturelle reste l'un des atouts majeurs de la région, contribuant à la richesse de son patrimoine collectif.

Rôle de la culture dans la résilience sociale

La culture joue un rôle fondamental dans la résilience des communautés de l'Est de la RDC. En période de crise, qu'elle soit sociale, politique ou économique, les pratiques culturelles et artistiques permettent aux populations de maintenir un lien avec leur identité et leur histoire. Les rituels traditionnels, les fêtes et les expressions artistiques renforcent le tissu social, favorisent la solidarité et offrent des espaces de dialogue et de réconciliation.

Les groupes communautaires utilisent souvent la culture comme un moyen de promouvoir la paix et la cohésion sociale. Les récits oraux, par exemple, sont utilisés pour transmettre les leçons du passé et encourager de nouvelles générations à s'engager dans des pratiques pacifiques. De même, des initiatives culturelles permettent de créer des opportunités économiques et de renforcer le développement communautaire, en contribuant à la formation d'une identité collective forte, axée sur la paix et l'harmonie.

Contributions artistiques de la région (musique, littérature, etc.)

La région de l'Est de la RDC est un vivier de créativité artistique, avec une scène musicale vibrante et une littérature riche. La musique, en particulier, occupe une place essentielle dans la vie quotidienne et les cérémonies culturelles. Des styles musicaux comme la rumba congolaise, le soukous ou encore le ndombolo transcendent les frontières et ont une portée internationale. Des artistes de la région, tels que Papa Wemba et Werrason, ont gagné une reconnaissance mondiale et continuent d'inspirer de nouvelles générations d'artistes.

La littérature, quant à elle, reflète les luttes, les joies et les réalités des Congolais. Des écrivains comme Alain Mabanckou et Véronique Tadjo mettent en lumière les dilemmes sociaux, politiques et identitaires que traverse le pays et la région. Les contes, poèmes et romans contribuent à préserver les traditions tout en abordant des thèmes contemporains, tels que l'identité, l'exil, la guerre et l'espoir.

Les arts visuels, notamment la peinture, la sculpture et le textile, expriment également la richesse des cultures locales, avec des artistes qui utilisent des matériaux traditionnels pour créer des œuvres contemporaines. Cette dynamique artistique contribue non seulement à l'enrichissement culturel, mais également à la promotion du dialogue interculturel.

Conclusion du Chapitre 4

Ce chapitre met en lumière l'importance capitale de la culture et de l'identité dans la région de l'Est de la RDC. Face aux défis socio-économiques et aux tensions interethniques, la richesse culturelle constitue un levier de résilience et de cohésion sociale. En valorisant la diversité culturelle, en soutenant les initiatives artistiques et en encourageant le dialogue interculturel, il est possible de bâtir des ponts entre les communautés et de promouvoir une identité collective fondée sur la paix, l'unité et la diversité. La culture n'est pas seulement un reflet du passé, mais constitue également une clé essentielle pour l'avenir de la région.

Chapitre 5 : Engagement politique

Analyses des mouvements politiques régionaux

L'engagement politique dans l'Est de la République Démocratique du Congo (RDC) est marqué par une pluralité de mouvements et de partis politiques qui reflètent les aspirations, les attentes et les frustrations des populations locales. Les mouvements politiques régionaux sont souvent influencés par des dynamiques ethniques, des conflits historiques et des enjeux socio-économiques.

Des mouvements comme le Mouvement du peuple pour la reconstruction et la démocratie (MPRD) ou le Rassemblement des forces politiques et sociales acquises au changement (Rassop) illustrent les tentatives de regroupement autour d'objectifs communs tels que la démocratie, la justice sociale et la lutte contre la corruption. Cependant, nombreux de ces mouvements sont également en proie à des divisions internes et à des rivalités qui affaiblissent leur efficacité et leur capacité à mobiliser les masses.

Le contexte politique est également influencé par des acteurs extérieurs, y compris des pays voisins, qui s'intéressent aux ressources naturelles de la région. Ces influences extérieures complexifient les dynamiques politiques locales et illuminent l'importance de la souveraineté nationale dans les processus de développement et de paix.

Rôle des ONG et de la société civile

Les organisations non gouvernementales (ONG) et la société civile jouent un rôle crucial dans l'engagement politique en offrant des plateformes pour la participation citoyenne, la sensibilisation et la défense des droits humains. Elles œuvrent pour la promotion de la transparence, l'accès à l'information et la participation des communautés dans la gouvernance locale.

Les ONG agissent comme des intermédiaires entre le gouvernement et la population, facilitant le dialogue et apportant une attention particulière aux groupes marginalisés tels que les femmes et les jeunes. À travers des programmes d'éducation civique, de surveillance électorale et de plaidoyer, ces organisations encouragent l'implication des citoyens dans le processus politique et contribuent à renforcer la culture démocratique.

Cependant, le climat d'incertitude et de répression qui prévaut parfois en RDC pose des défis significatifs à l'action des ONG. Certaines sont confrontées à des restrictions légales, à la violence ou à la stigmatisation, ce qui peut nuire à leur capacité à mener à bien leur mission.

Perspectives sur les élections et la gouvernance

Les élections en RDC, et notamment dans l'Est du pays, sont souvent entourées d'un climat de méfiance et de tensions. Les enjeux électoraux sont exacerbés par des préoccupations autour de la transparence du processus, de l'intégrité des institutions électorales et de la sécurité des électeurs. Les récents scrutins ont été marqués par des accusations de fraudes, d'intimidations et de violences, ce qui soulève des questions critiques sur la légitimité des résultats.

Les perspectives d'élections futures doivent être abordées avec prudence. La nécessité d'une réforme du système électoral, d'une meilleure protection des droits humains et d'un environnement politique favorable à la liberté d'expression et à la participation pacifique est essentielle pour garantir des élections justes et transparentes. La communauté internationale peut jouer un rôle dans l'accompagnement de ces processus, en soutenant des initiatives qui promouvront une gouvernance inclusive et participative.

Les défis de la gouvernance en RDC sont également liés à la corruption rampant, à la pauvreté et à l'absence de services publics de qualité. Pour renforcer la confiance du public et encourager la participation politique, il est crucial d'instaurer des mécanismes de reddition de comptes et d'améliorer la gestion des ressources publiques.

Conclusion du Chapitre 5

Ce chapitre met en exergue la complexité de l'engagement politique dans l'Est de la RDC, où les mouvements politiques, la société civile et les enjeux électoraux interagissent dans un environnement marqué par des défis importants. Pour progresser vers une démocratie véritable, il est indispensable de renforcer le rôle des ONG et des acteurs communautaires, d'instaurer des mécanismes de transparence et de promouvoir une culture politique inclusive. En favorisant la participation citoyenne et la bonne gouvernance, la région peut espérer avancer sur le chemin de la paix, de la justice et du développement durable.

Chapitre 6 : Enjeux environnementaux

Problèmes écologiques (déforestation, pollution, etc.)

L'Est de la République Démocratique du Congo (RDC) est riche en biodiversité et en ressources naturelles, mais fait face à des enjeux environnementaux critiques. La déforestation est l'un des problèmes les plus pressants, résultant principalement de l'exploitation illégale du bois, de l'expansion de l'agriculture, et de la pression démographique croissante. Les forêts tropicales, qui jouent un rôle essentiel dans la régulation du climat et la préservation de la biodiversité, sont ainsi menacées et continuent de se réduire à un rythme alarmant.

La pollution est un autre problème majeur, en particulier dans les zones urbaines et industrielles. Les activités minières, souvent non réglementées, entraînent des déversements de produits chimiques toxiques dans les rivières et le sol, affectant la santé des populations locales et la qualité de l'eau. De plus, l'accumulation des déchets solides et la gestion inappropriée des déchets domestiques contribuent à la dégradation de l'environnement et à l'altération des écosystèmes.

Impact des changements climatiques

Les effets des changements climatiques sont de plus en plus perceptibles dans l'Est de la RDC, exacerbant les problèmes environnementaux existants. Les phénomènes météorologiques extrêmes, tels que les sécheresses prolongées et les inondations, affect les saisons agricoles et menacent la sécurité alimentaire des populations qui dépendent de l'agriculture de subsistance. La variabilité climatique impacte également les écosystèmes naturels et favorise la disparition de certaines espèces.

Les communautés vulnérables, souvent les plus dépendantes des ressources naturelles pour leur survie, subissent directement les conséquences des changements climatiques. Le manque d'infrastructures adéquates pour faire face à ces défis aggrave les effets néfastes sur les populations, entraînant des migrations forcées et des conflits croissants autour des ressources.

Initiatives de développement durable

Face à ces enjeux environnementaux critiques, plusieurs initiatives de développement durable émergent dans la région. Des organisations locales et internationales travaillent à la mise en œuvre de projets visant à protéger les écosystèmes, restaurer les forêts, et promouvoir des pratiques agricoles durables. L'agroécologie, par exemple, offre une alternative prometteuse, en intégrant des méthodes respectueuses de l'environnement et en soutenant la diversité biologique.

La sensibilisation des communautés à l'importance de la protection de l'environnement est un autre aspect essentiel. Des campagnes éducatives et des programmes de formation permettent aux populations de comprendre les conséquences de leurs actions sur l'environnement et d'adopter des comportements plus durables.

De plus, des partenariats entre gouvernements, ONG, acteurs du secteur privé et communautés locales sont cruciaux pour ancrer ces initiatives de développement durable. Des projets de reforestation et de conservation de la biodiversité sont mis en place pour restaurer les écosystèmes dégradés et renforcer la résilience des communautés face aux bouleversements climatiques.

Les efforts de reforestation, notamment, visent à rétablir l'équilibre écologique tout en fournissant des ressources essentielles aux populations locales, telles que le bois, les fruits et d'autres produits forestiers non ligneux. De telles initiatives démontrent la nécessité d'une approche intégrée qui concilie développement économique, préservation de l'environnement et bien-être social.

Conclusion du Chapitre 6

Ce chapitre met en lumière l'urgence des enjeux environnementaux auxquels fait face l'Est de la RDC, caractérisés par la déforestation, la pollution et l'impact des changements climatiques. La nécessité d'initiatives de développement durable ne saurait être sous-estimée, car elles représentent un moyen essentiel de garantir la protection des ressources naturelles tout en répondant aux besoins des populations. Pour relever ces défis complexes, un engagement collectif, réunissant les gouvernements, la société civile et les communautés locales, est indispensable afin de bâtir un avenir durable et résilient, propice au développement des générations futures.

Chapitre 7 : Témoignages et récits de vie

Histoires de vie de personnes affectées par les crises

Les crises humanitaires et les conflits en République Démocratique du Congo (RDC), et particulièrement dans l'Est du pays, ont eu des impacts dévastateurs sur la vie de millions de personnes. Ces histoires de vie témoignent de la souffrance, mais aussi de la force de l'esprit humain.

L'histoire de Clara, 35 ans, est emblématique de ce que vivent de nombreuses femmes dans la région. Réfugiée à cause des violences armées, elle a dû fuir son village avec ses trois enfants. En arrivant dans un camp, Clara a été confrontée à des conditions précaires : manque de nourriture, soins de santé insuffisants, et insécurité permanente. Malgré cela, elle a trouvé des moyens de se battre pour la survie de sa famille. Elle a rejoint une initiative locale de soutien aux femmes, apprenant à coudre et à vendre des vêtements, devenant ainsi une source de revenus pour subvenir aux besoins de ses enfants. Son récit illustre la tragédie des conflits, mais également le désir tenace de reconstruire sa vie.

Un autre témoignage poignant est celui de Jean-Pierre, agriculteur de 50 ans. Sa vie a été bouleversée lorsque le front de guerre a déplacé les populations de sa région. Ses terres ont été abandonnées et sa source de revenus a disparu. En revanche, Jean-Pierre a fait preuve d'ingéniosité et a commencé à cultiver des légumes dans un champ communautaire, créant ainsi des opportunités pour lui-même et pour ses voisins également déplacés. Son histoire met en lumière non seulement la perte mais aussi les nouvelles avenues qui se dessinent dans l'adversité.

Récits de résistance et de résilience

Les récits de résistance et de résilience sont omniprésents dans les vies des Congolais confrontés aux crises permanentes. Ces histoires montrent comment les communautés trouvent la force de se relever, de réinventer leur quotidien malgré les difficultés.

Marie, une enseignante dans une localité touchée par des violences, a décidé de continuer à dispenser des cours dans des conditions très difficiles. Elle a établi une petite école sous un arbre, rassemblant des enfants dont l'éducation avait été interrompue par le conflit. Chaque jour, elle vient avec des leçons sur des sujets variés, décidée à ne pas laisser les circonstances définir l'avenir des enfants de sa communauté. Sa détermination à assurer un avenir meilleur à ses élèves souligne l'esprit de résistance qui imprègne la population.

D'autre part, les jeunes jouent un rôle vital dans ces récits de résilience. Une organisation de jeunesse a vu le jour dans une commune durement touchée. Des jeunes comme Emmanuel, âgé de 22 ans, se sont unis pour porter des initiatives de paix. Grâce à des dialogues intercommunautaires et des activités culturelles, ils cherchent à briser les barrières ethniques et à promouvoir la cohésion sociale. Ces actions illustrent le pouvoir des jeunes en tant qu'agents de changement et leur souhait de bâtir un futur paisible pour leur génération.

Témoignages de leaders communautaires

Les leaders communautaires occupent une place essentielle dans la construction d'une société résiliente. Leurs voix, leurs expériences et leurs initiatives sont des sources d'inspiration qui aident à galvaniser la communauté dans des moments de crise.

Le témoignage de Dr. Kanga, un médecin engagé, est représentatif de l'effort collectif pour améliorer les conditions de vie. Dr. Kanga a été en première ligne lors d'épidémies de choléra et a vu de près les conséquences dévastatrices des conflits sur la santé publique. Il a mis en place des programmes de sensibilisation sur l'hygiène et la prévention des maladies dans les communautés, et sa détermination à améliorer le bien-être de sa population témoigne de l'ardeur et de l'engagement nécessaires dans un contexte difficile.

Un autre leader, Madame Aïcha, travaille à rassembler des femmes de différentes origines ethniques pour qu'elles puissent partager leurs expériences et construire des ponts entre les communautés. Son programme de « femmes pour la paix » encourage le dialogue et la solidarité entre les femmes tout en leur fournissant des formations sur l'entrepreneuriat. Aïcha incarne l'espoir d'un avenir où les différences sont célébrées et où la collaboration est primordiale.

Conclusion du Chapitre 7

Ce chapitre met en lumière des témoignages touchants et puissants de personnes et de leaders qui luttent jour après jour pour surmonter les défis engendrés par les crises en RDC. Les histoires de Clara, Jean-Pierre, Marie, Emmanuel, Dr. Kanga et Madame Aïcha illustrent non seulement la douleur et la perte, mais également le pouvoir de la solidarité, de la résilience et de la détermination humaine. À travers ces vies, nous témoignons des luttes profondes mais aussi de la capacité incroyable des Congolais à se relever et à aspirer à un avenir meilleur, quels que soient les obstacles. Ces récits vibrant de courage et d'espoir sont essentiels pour comprendre la réalité complexe de la République Démocratique du Congo aujourd'hui.### Conclusion

Synthèse des thématiques abordées

Ce document a exploré les enjeux complexes auxquels fait face l'Est de la République Démocratique du Congo (RDC), en mettant en lumière à la fois les défis environnementaux, les crises humanitaires et les récits de vie inspirants. Nous avons d'abord examiné les problèmes écologiques tels que la déforestation et la pollution, ainsi que les impacts des changements climatiques qui exacerbent la vulnérabilité des populations locales. Ces défis n'affectent pas seulement l'environnement, mais mettent également en danger la sécurité alimentaire et la santé des communautés.

Parallèlement, les récits de vie de personnes touchées par ces crises témoignent de la résilience et de la résistance d'une population qui refuse de se laisser abattre par les circonstances difficiles. Les histoires de leaders communautaires, d'agriculteurs, d'enseignants et de jeunes montrent que, même en période de crise, il existe des opportunités d'innovation, de solidarité et de croissance, qui peuvent ouvrir la voie à des solutions durables.

Perspectives d'avenir pour la région de l'Est

L'avenir de l'Est de la RDC repose sur plusieurs facteurs clés. Tout d'abord, un engagement véritable et soutenu à la paix est essentiel. La réconciliation entre les communautés, la promotion du dialogue et le renforcement de la gouvernance locale peuvent contribuer à créer un environnement stable et propice à la prospérité. De plus, les initiatives de développement durable doivent être prioritaires, non seulement pour protéger l'environnement mais aussi pour restaurer la dignité et le bien-être des populations locales. Les projets d'agroécologie et de reforestation, par exemple, peuvent offrir des solutions concrètes à la fois pour la protection des ressources naturelles et pour la sécurité alimentaire.

Enfin, il est crucial d'investir dans l'éducation et l'autonomisation des jeunes et des femmes, qui sont des agents de changement clés dans la société. Leur engagement dans des initiatives économiques et sociales sera déterminant pour bâtir une région forte, résiliente et pacifique.

Appel à l'action pour les lecteurs et les décideurs

À ceux qui lisent ces mots, qu'il s'agisse de citoyens, d'organisations non gouvernementales, de décideurs politiques ou de leaders d'entreprise, il est temps d'agir. La crise actuelle n'est pas seulement une réalité distante ou un problème contextualisé dans une région lointaine; c'est un appel à la responsabilité collective pour un avenir meilleur. Les dons, le bénévolat, et la sensibilisation dans vos communautés peuvent contribuer à faire une différence, même à distance.

Pour les décideurs, il est impératif de formuler des politiques qui prennent en compte les voix locales et qui adressent les causes profondes des conflits et de l'instabilité. Travailler en partenariat avec les organisations de base et la société civile, en intégrant des approches durables, doit être une priorité.

En unissant nos efforts et en œuvrant de concert pour un changement positif, nous pouvons contribuer à un avenir viable et paisible pour l'Est de la République Démocratique du Congo. C'est à nous de garantir que les histoires de résistance et de résilience deviennent les fondations d'une nouvelle dynamique de développement et d'espoir pour cette région riche en potentiel.

Annexes

Données Statistiques

1. Population et démographie :

- Population totale de l'Est de la RDC : environ 30 millions d'habitants.

- Taux de croissance démographique : 2,4% par an.

- Méthodes de subsistance : Environ 60% de la population dépend de l'agriculture de subsistance.

2. Environnement et écosystèmes :

- Taux de déforestation : Environ 0,5% par an dans certaines provinces de l'Est.

- Biodiversité : La RDC abrite environ 10% des espèces de flore et de faune du monde, dont plusieurs espèces endémiques.

3. Santé :

- Taux de mortalité infantile : 86 décès pour 1,000 naissances vivantes (au-dessus de la moyenne mondiale).

- Accès aux soins de santé : Environ 50% de la population urbaine a accès aux services de santé de base, contre seulement 30% dans les zones rurales.

4. Éducation :

- Taux de scolarisation primaire : environ 80% pour les garçons, 70% pour les filles.

- Taux d'abandon scolaire : Environ 30% en primaire en raison de la pauvreté et des conflits.

5. Économie :

- Croissance du PIB (dernier rapport) : 4,5% en 2022.

- Taux de chômage : Environ 35% parmi les jeunes.

Cartes Géographiques

1. Carte des provinces de l'Est de la RDC : Illustrant les principales provinces touchées par des conflits (Ituri, Nord-Kivu, Sud-Kivu, Maniema).

2. Carte des ressources naturelles : Localisation des mines d'or, de coltan et de diamants, avec une indication des zones souvent touchées par des conflits.

3. Carte de la déforestation : Montrant les zones à risque de déforestation due aux activités humaines, à l'agriculture illégale et à l'exploitation forestière.

4. Carte des routes de réfugiés : Illustrant les principaux itinéraires
empruntés par les personnes déplacées en raison de conflits armés,
incluant les camps de réfugiés.

Bibliographie

1. Livres :

-    "The Democratic Republic of the Congo: Between Hope and Despair".par Anne-Marie Leroy — Une analyse approfondie des enjeux socio-politiques en RDC.

- ."The Congo Wars: Conflict, Myth and Reality"** par Thomas Turner — Un livre essentiel sur les conflits en RDC et leurs conséquences.

2. Articles et rapports :

- "Crisis in the Democratic Republic of the Congo" , Human Rights Watch — Rapport sur les droits de l'homme et les violations dans la région.

-    "The Environmental Implications of Conflict in the Democratic Republic of the Congo" , Institut des Nations Unies pour la recherche sur le désarmement — Étude sur l'impact des conflits sur l'environnement.

3. Sites Web :

- United Nations OCHA (Office for the Coordination of Humanitarian Affairs)   : Informations actualisées sur la situation humanitaire.

- International Crisis Group : Rapports et analyses sur les conflits en cours dans la région.

- WWF (World Wildlife Fund) : Ressources sur la conservation et les efforts de protection des forêts de la RDC.

4. Documentaires et films :

- "The Last of the Elephant" – Un documentaire sur les conséquences de la guerre sur la faune et la flore en RDC.

- "Congo: The Forgotten War" – Un film qui explore la complexité des conflits et de leurs effets sur les populations.

Hymne Nationale : "Debout Congolais"

Debout Congolais,

Unis par le sort,

Unis dans l'effort pour l'indépendance.

Dressons nos fronts, longtemps courbés

Et pour de bon prenons le plus bel élan, dans la paix.

Ô peuple ardent

Par le labeur

Nous bâtirons un pays plus beau qu'avant dans la paix.

Hymne Nationale : "Debout Congolais"

Citoyens,

Entonnez l'hymne sacré de votre solidarité fièrement,

Saluez l'emblème d'or de votre souveraineté

Don béni, Congo !

Des aïeux, Congo !

Ô pays, Congo !

Bien-aimé, Congo !

Nous peuplerons ton sol et nous assurerons ta grandeur.

Trente juin, ô doux soleil

Trente juin, du trente juin

Jour sacré, soit le témoin,

Jour sacré, de l'immortel

Serment de liberté

Que nous léguons

À notre postérité pour toujours.

Remerciements

Au seigneur Jésus Christ pour son soutien indéfectible et à toute personne d'une manière ou d'une autre m'a apportée du soutien pour la réalisation de cet œuvre . Je vous suis redevable.

Merci !

Biographie

Merdie Ntshankana Tondo, née à Kinshasa le 05/Mars/ 2005, détentrice d'un diplôme en Pédagogie générale, jeune ambassadrice de paix de la sous région d'Afrique Centrale, auteure-écrivaine, journaliste et présentatrice télé de profession.

I want morebooks!

Buy your books fast and straightforward online - at one of world's fastest growing online book stores! Environmentally sound due to Print-on-Demand technologies.

Buy your books online at
www.morebooks.shop

Achetez vos livres en ligne, vite et bien, sur l'une des librairies en ligne les plus performantes au monde!
En protégeant nos ressources et notre environnement grâce à l'impression à la demande.

La librairie en ligne pour acheter plus vite
www.morebooks.shop

Printed by Books on Demand GmbH, Norderstedt / Germany